Le Swing Trading Avec Le Graphique En 4 Heures

Partie 1: Introduction au Swing Trading

Traduit de l'anglais par Carolane de Palmas

Heikin Ashi Trader

Sommaire

1. Pourquoi faire du swing trading ? 3
2. Pourquoi devriez-vous utiliser le graphique en 4 heures ? 7
3. Quels sont les marchés les plus appropriés pour le swing trading ? 20
4. Avec quels instruments pouvez-vous utiliser le swing trading ? 27
5. Configurations pour le swing trading 32
   - A. Support et Résistance 34
   - B. Double sommet et Double creux 39
   - C. Breakouts 48
   - D. Drapeaux et fanions 51
6. Money Management 56
7. Pourquoi avez-vous besoin d'un journal de trading 58
8. De quoi est-ce que tout cela parle ? 62
   - Glossaire 64
   - Plus de livres par Heikin Ashi Trader 70
   - À propos de l'auteur 81
   - Impression 83

1. Pourquoi faire du swing trading ?

La plupart des nouveaux arrivants en bourse tentent leurs chances avec le day trading. Vous pouvez en effet gagner beaucoup d'argent avec le day trading si vous êtes bon avec cette stratégie. Seulement SI vous l'êtes ! Le problème est que beaucoup de traders sous-estiment considérablement les difficultés du day trading. Je vais en énumérer quelques-unes.

Dans ce court laps de temps, vous êtes en concurrence avec des milliers de traders (la plupart du temps des jeunes) qui sont très bien formés et équipés avec la technologie la plus avancée qu'on puisse trouver.

Vous devez également faire face à une compétition féroce des soi-disant algorithmes. En d'autres termes, vous combattez de coûteux programmes informatiques qui ont été développés par les meilleurs experts.

Vous pouvez également attendre plus de compétition de l'absence de volatilité ces dernières années. Il arrive plus souvent que les marchés typiques, tels que l'E-mini, le future mini Dow, l'EUR/USD et le pétrole brut évolue de manière latérale toute la journée seulement pour faire un grand saut soudainement sans avertissement. Êtes-vous dans la bonne direction à ce moment précis ?

Votre plus grand concurrent c'est vous-même. Ne sous-estimez pas la pression psychologique lors d'une journée de trading. De nombreux traders ont échoué en utilisant cette méthode. Même si vous avez un moment de réussite, cela ne signifie pas que cela va toujours être le cas.

Si malgré ces inconvénients vous voulez toujours de faire du day trading, alors allez-y !

Contrairement au day trading, le trading de position avec des graphiques quotidiens ou même des graphiques hebdomadaires est un moyen beaucoup plus confortable de faire de l'argent sur les marchés boursiers. Et, franchement, je recommande à la plupart des gens d'utiliser cette méthode.

Mais méfiez-vous ! Encore une fois, il y a aussi beaucoup de concurrence ici ! Vous devez rivaliser avec les principaux acteurs sur les marchés : les fonds d'investissement, les compagnies d'assurance et les hedge-funds qui spéculent à moyen terme avec les actions, les indices, les matières premières et les devises.

Ces pools très capitalisés pourraient, par exemple, avoir l'idée de vendre en grand nombre l'action que vous venez d'acheter. Non pas parce qu'elle est devenue soudainement mauvaise mais peut-être, par exemple, parce qu'ils ont besoin d'argent pour un autre investissement ou qu'ils en ont besoin pour payer leurs clients mécontents. Vous voyez, même « investir » n'est pas si simple. Vous pouvez aussi bien appeler le marché boursier une fosse de serpents et vous ne seriez même pas en train d'exagérer. N'y a-t-il pas de solution alternative ?

Je pense qu'il y en a. Cette alternative, je l'appelle le **swing trading**. C'est un style de trading avec une unité de temps/un laps de temps qui est trop lent pour les day traders et trop rapide pour les investisseurs. En d'autres termes, dans ce laps de temps, il y a très peu de professionnels de trading. Vous n'entendrez rien à ce sujet dans la presse. À quand remonte la dernière fois que vous avez lu un article intéressant dans le journal sur le swing trading ? Probablement jamais...

De quelle unité de temps est-ce que je parle ? Les graphiques que les swing traders utilisent habituellement sont des graphiques horaires ou même mieux, des graphique en 4 heures. Dans certains cas, les swing traders travaillent également avec des graphiques quotidiens. Il s'agit d'une période qui se situe entre l'investisseur et le day trader. Vous vous asseyez donc entre les chaises et c'est bien car vous êtes presque le seul.

2. Pourquoi devriez-vous utiliser le graphique en 4 heures ?

Il existe de bonnes raisons de travailler avec le graphique en 4 heures. Les plus petits laps de temps, comme le graphique en 5 minutes ou en 15 minutes (typique des day traders), ne sont pas représentatifs des flux d'argent. Toutefois, vous pouvez clairement les voir sur le graphique en 4 heures. Une figure chartiste a une valeur de renseignement beaucoup plus élevée ici. Cela indique plutôt qui contrôle le marché à ce moment : les taureaux ou les ours. Vous voulez savoir cela comme en tant que trader, n'est-ce pas ?

Contrairement à la plupart des autres traders qui aiment travailler avec les graphiques en chandeliers, j'utilise les **graphiques Heikin-Ashi**. Ce type de graphique présente plusieurs avantages : la tendance est plus visible grâce au lissage visuel des bougies (à la différence des chandeliers), la force de la tendance est visible par la taille de la bougie et la présence des pins (longues ombres au-dessus ou au-dessous du corps de la bougie).

En d'autres termes, les graphiques Heikin-Ashi illustrent très bien le déséquilibre entre l'offre et la demande et montrent même clairement les points d'inflexion. Ils sont donc un excellent outil pour identifier les flux de capitaux sur les marchés. L'exemple ci-dessous sur l'indice Dow Jones illustre cette situation.

Image 1 : Indice Dow Jones, graphique Heikin-Ashi en 4 heures

Le graphique en 4 heures montre les « swings » très clairement. Ces mouvements durent habituellement quelques jours. Les swings à la hausse (des bougies blanches et en hausse) et les swings à la baisse (des bougies noires et en baisse) apparaissent clairement dans cet exemple avec un graphique Heikin-Ashi. Pour illustrer ceci, je vais vous montrer maintenant le même segment de l'indice Dow Jones avec les chandeliers :

Image 2 : Indice Dow Jones Index, graphique en chandeliers en 4 heures

J'espère que vous pouvez voir la différence. Bien sûr, vous pouvez travailler avec les graphiques en chandeliers mais je préfère la présentation visuelle du graphique Heikin-Ashi par rapport à celle des chandeliers. J'aime quand je peux détecter au premier coup de œil si un marché est dans une tendance haussière ou baissière.

Sur les graphiques en chandeliers, vous obtiendrez souvent des signaux contradictoires. Dans une tendance haussière, des bougies noires peuvent soudainement apparaître ce qui pourrait donner au trader l'impression que la tendance est terminée. Ces faux signaux sont filtrés pour la plupart avec le graphique Heikin-Ashi. Il s'agit d'un avantage qui ne doit pas être sous-estimé.

Cet exemple montre aussi très clairement ce que les traders expérimentés savent depuis longtemps : les mouvements du marché durent généralement entre 3 à 5 jours. Après que le marché ait évolué à la hausse avec un rallye pendant 5 jours, il se calme à nouveau. Il forme alors un mouvement latéral ou évolue en consolidation, ou range.

Dans l'exemple ci-dessus, le mouvement ascendant s'est déroulé en 3 vagues que vous pouvez très bien identifier grâce à des bougies blanches sur le graphique Heikin-Ashi. Ces vagues ont duré environ 24 heures (ou 8 bougies de 4 heures). La phase de correction intermédiaire (généralement des bougies noires) a également duré environ 8 bougies. Dans l'ensemble, ce mouvement sur le Dow Jones a duré 5 jours. Pendant 3 jours, le Dow Jones était dans un mouvement ascendant et pendant 2 jours dans un mouvement de correction. C'est un modèle que vous verrez de nombreuses fois.

En tant que swing trader, vous voulez bien sûr profiter de ces fluctuations. Le graphique en 4 heures permet de très bien visualiser ces mouvements dans le contexte de la situation actuelle du marché. Utiliser le swing trading est également possible même si le marché n'est pas dans une tendance mais dans un mouvement latéral volatil comme le montre l'exemple ci-dessous.

Image 3 : Indice S&P 500, graphique Heikin-Ashi en 4 heures

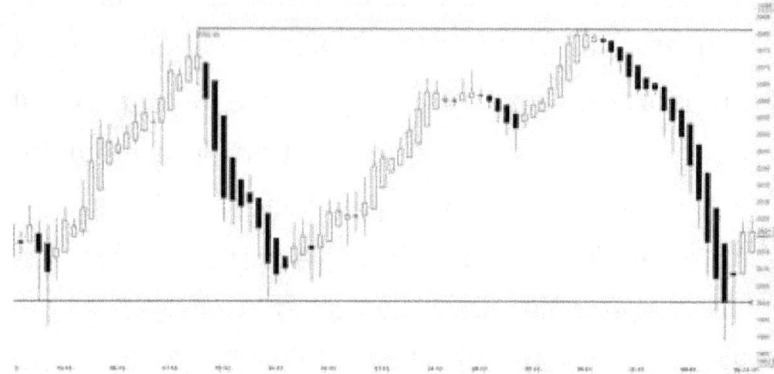

L'image 3 illustre une tendance latérale sur **l'indice S&P 500**. J'ai indiqué les limites supérieures et inférieures à l'aide d'une ligne horizontale car elles étaient significatives dans cet exemple. La ligne du bas, aussi appelée support, tombe exactement sur le chiffre rond de 2 000. Ces niveaux de prix sur les marchés financiers ont une signification psychologique importante et sont respectés par beaucoup de traders ainsi que par les acteurs institutionnels du marché.

Ce n'est donc pas un hasard si le marché rebondit sur ce niveau. Autrement dit, il y a beaucoup d'acheteurs qui attendent à cet endroit là pour rattraper le marché dès qu'il atteint ce niveau de prix. En tant que swing trader, vous devriez accorder plus d'importance à ces « marques psychologiques ». En général, vous verrez que le marché avec le 1e ou le 2e contact « se retourne » sur ces niveaux.

Timing

Une raison plus importante encore pour travailler avec le graphique en 4 heures est le timing. Pour les day trader, le timing représente tout. Pour les swing traders : la direction doit être la bonne. Vous devez donner au marché quelques heures ou quelques jours pour se développer. Ainsi, cela n'a pas un rôle aussi important si vous avez acheté le Dow Jones à 16 500 ou 16 550. La chose importante est la bonne direction.

En tant que swing trader, vous devrez aussi faire face à des contre-mouvements périodiques. Peut-être que le marché évolue temporairement de 30 à 50 points contre votre position. Cela ne devrait pas vous faire sortir de votre position. En tant que day trader, vous ne pouvez pas vous le permettre.

Vos gains sont aussi plus grands si vous faites du swing trading. Avec cette méthode, vous bénéficierez aussi de la plupart de ces mouvements inattendus dont j'ai parlé plus tôt. Vous ne pouvez pas vraiment savoir à l'avance quand ils apparaîtront mais ce n'est pas si mal. En tant que swing trader, vous pouvez attendre jusqu'à ce que le marché rende sa décision.

Vous avez généralement plusieurs heures pour pouvoir réfléchir à une entrée en position. Vous n'avez pas à acheter maintenant et tout de suite. Je recommande également l'utilisation des ordres à cours limité lorsque vous travaillez. Ce faisant, vous pouvez construire votre position calmement après avoir fait votre analyse.

Si vous achetez par l'intermédiaire de l'ordre au marché (ou que vous vendez au marché quand vous êtes court), vous acceptez le prix actuel du marché. Ce n'est généralement pas le meilleur prix pour entrer sur le marché et ouvrir une position. Souvent, il vaut mieux placer votre ordre limite de 50 points sous le niveau ciblé si vous voulez acheter. Il serait bien que le marché aille chercher de nouveau ce niveau avant de se diriger dans la direction souhaitée.

Enfin et surtout : vous n'avez pas à rester toute la journée devant l'écran. Beaucoup de nouveaux arrivants sur les marchés boursiers trouvent cela très excitant de regarder l'ascension et la chute des prix. Mais, cela n'a rien à voir avec l'argent.

En tant que swing trader, vous pouvez faire votre analyse des marchés sur lesquels vous souhaitez investir une fois par jour. Vous mettez vos ordres et vous êtes prêt pour la journée. C'est mon expérience unique et personnelle de savoir que les résultats sont meilleurs si vous ne regardez pas constamment vos positions. Je sais qu'actuellement avec les tablettes et les smartphones, cela sera surement un défi. Mais, si vous avez tradé pendant un certain temps, vous serez en mesure de confirmer cette expérience.

Il est préférable d'accompagner votre position longue (ou position courte, quand vous pariez sur la baisse des marchés) avec un ordre OCO. Votre position est donc automatiquement protégée par un ordre stop loss pour limiter les pertes et un take-profit pour réaliser les profits à travers un ordre automatisé qui concrétise vos gains lorsque la cible est atteinte.

L'un des ordres est déclenché et les ordres en suspens respectifs seront automatiquement fermés par le système. Concernant le reste, il est mieux pour vous de laisser au marché le soin de traiter ce trade particulier qui sera gagnant ou perdant. Vous pouvez fermer votre PC ou ordinateur portable et faire autre chose.

Cette procédure est appelée « Set and Forget » (mettre en place et oublier). Le trader place sa limite d'achat qui est automatiquement accompagnée d'un ordre stop-loss prédéterminé et d'un ordre de take-profit. Ainsi, il détermine son risque maximum ainsi que le niveau de prix au cours auquel il veut réaliser le profit.

Image 4 : en attente d'une position courter sur le future sur le pétrole

Pour illustrer ce point, je tiens à vous montrer un exemple d'une position courte sur les contrats à terme sur le pétrole brut. La ligne horizontale est un niveau de résistance à 50,20$ où je veux vendre (c.-à-d. être court). Comme vous pouvez le voir, quand j'ai fait la capture d'écran du graphique, le marché n'avait pas encore atteint ce niveau donc ma limite de vente était en attente jusqu'à ce que cet événement se produise.

Dans le même temps, j'ai placé un ordre de stop-loss à 50,60$ (ligne noire du dessus) avec un take-profit à 48,80$ (ligne noire du dessous). Au moment où ma limite de vente à 50,20$ pourrait être déclenchée, les deux autres ordres seraient automatiquement activés. Je savais que j'avais un risque de 0,40$ sur ce tarde et que je pouvais gagner 1,40$. Cela correspond à un ratio risque-rendement (RRR) d'environ 1/3, ce qui est excellent.

Si l'un des deux ordres qui accompagne mon ordre de vente doit être exécuté, l'autre ordre est automatiquement annulé. En tant que trader, j'ai besoin de ne rien faire mais seulement d'attendre et de voir comment le marché décidera. Cette sorte de sérénité vis-à-vis du marché est ce que vous devez développer en tant que swing trader parce que vous ne pouvez rien faire de mieux avec votre analyse. En fin de compte, c'est le marché qui décide si vous ferez un profit ou une perte avec votre prochain trade.

Si vous entrez toujours des trades avec un bon RRR alors cette bonne habitude se reflètera tôt ou tard dans un résultat de trading positif. Grâce à une bonne sélection qualitative des trades (qui fait l'objet du 2ᵉ livre de cette série), vous pouvez améliorer ce résultat et allez encore plus loin.

3. Quels sont les marchés les plus appropriés pour le swing trading ?

En principe, vous pouvez faire du swing trading sur tous les marchés. Les actions sont de bons instruments puisqu'elles fluctuent très fortement. Mais tout le monde n'est pas bon avec les actions. Par exemple, je ne suis pas vraiment bon sur le marché des actions. Cela a certainement à voir avec le fait que le marché boursier ferme le soir pour ouvrir à nouveau le lendemain matin.

Ce n'est pas toujours à votre avantage car le cours de clôture d'une journée n'est en soi pas toujours le même que le cours d'ouverture de la journée d'après. Très souvent des différences se produisent et sont appelées des gaps overnight ou du jour au lendemain, ou des écarts de prix. Cela peut se produire naturellement à votre avantage, mais aussi à votre désavantage. Cela ne donne aucune joie lorsque vous vous levez le lendemain matin et que l'action que vous avez acheté hier est en baisse de 5%.

L'alternative pour un trader qui veut éviter les grands gaps sur le marché des actions est de ne trader que les marchés. Qu'est-ce que je veux dire par là ? Vous ne devriez trader que des marchés généraux au lieu du marché des actions. Cela pourrait être celui des indices (Dow Jones, DAX, NASDAQ et S&P 500), des matières premières (pétrole, argent et or) et des devises (euro, dollar, livre, yen...).

Si vous tradez les « marchés » au lieu des actions, vous pourriez parfois en effet être touché par les écarts de prix (gaps), mais ils sont généralement beaucoup plus petits que les gaps qui se produisent sur le marché actions. La raison est simple : si vous tradez le Dow Jones par exemple, vous n'investissez pas dans une mais dans 30 entreprises. Le Dow Jones n'est rien d'autre qu'un panier de 30 importantes sociétés américaines.

Les gaps overnight sur l'indice Dow Jones sont la plupart du temps modérés. En tant que trader, si vous expérimentez une période dans laquelle vous voyez des gaps de plus ou moins 5% sur le prix des indices boursiers alors vous devriez sérieusement envisager une pause dans votre trading.

Ces gaps extrêmes apparaissent surtout pendant les périodes de volatilité accrue comme par exemple en 2008 pendant la crise financière. Heureusement, ces périodes sont généralement de courte durée et ne se produisent pas trop souvent. Mais vous ne pouvez pas les gérer, c'est pourquoi vous devez toujours garder un oeil sur le **VIX** qui est l'abréviation de Volatility Index du CBOE et qui exprime la fluctuation/la volatilité de l'indice boursier américain le S&P 500.

Image 5 : VIX, 2006-2016

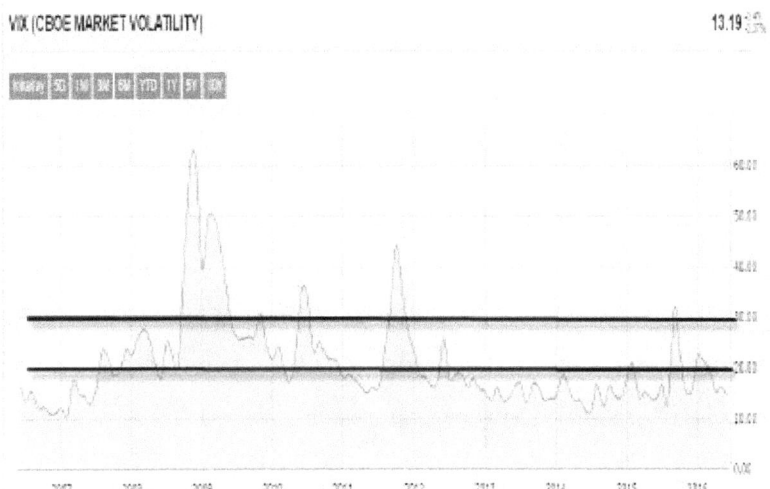

L'image 5 affiche le graphique du VIX de 2006 à 2016. Les deux lignes horizontales sur le graphique sont l'indicateur de volatilité. Les valeurs inférieures à 20 caractérisent une « faible volatilité », tandis que les valeurs supérieures à 30 reflètent une « forte volatilité ». Au moment de la capture d'écran, la volatilité était égale à 13,19 ce qui était presque considéré comme historiquement bas. Ce qui est clairement visible, ce sont les années où la volatilité a augmenté bien au-dessus du niveau des 30 notamment en 2008 et en 2011.

Ce n'est pas par hasard que ces phases sont compatibles avec la crise financière de 2008 et la crise de l'euro de 2011. En novembre-décembre 2008, le VIX a atteint des valeurs extrêmes de plus de 60 points. Ce sont les semaines de la faillite de Lehman Brothers. L'économie mondiale était au bord d'une catastrophe et je vous recommande, si une telle phase devait réapparaître sur les marchés financiers, de cesser temporairement votre activité de trading.

Je fais mon swing trading avec un panier d'indices, de matières premières et de devises. Voici la liste :

Indices : DAX, Dow Jones, SP500, Nasdaq100

Obligations : Future sur le Bund (futures sur les obligations allemandes à 10 ans)

Matières premières : Pétrole WTI, or et argent

Devises : EUR/USD, EUR/JPY, GBP/USD, USD/JPY, USD/CHF, AUD/USD, NZD/USD, USD/CAD

C'est un total de 16 marchés. Croyez-moi : si vous observez ces marchés tous les jours, vous aurez un sens assez précis de ce qui se passe en ce moment sur les marchés financiers. Les traders plus expérimentés savent, bien sûr, que tous ces marchés sont corrélés, ce qui signifie qu'ils sont plus ou moins liés les uns aux autres.

Bien que les corrélations puissent changer au fil du temps, vous pouvez toujours configurer certaines règles à appliquer de manière générale :

1. Les indices boursiers sont souvent fortement corrélés. Lorsque les marchés américains montent, vous verrez souvent que les indices asiatiques ou européens le font également. Les 3 principaux indices américains sont le Dow Jones Industrials, le S&P 500 et le Nasdaq100 et ils peuvent être en toute sécurité appelés « les pilotes des marchés boursiers du monde ». Lorsque ces 3 indices sont dans une tendance baissière, il est généralement difficile pour les autres indices de lutter contre cela.

2. Le dollar américain demeure la monnaie la plus importante au monde. Si le dollar monte, habituellement les autres grandes devises comme l'euro, la livre sterling, le dollar australien, le dollar néo-zélandais, le dollar canadien ou le franc suisse vont baisser.

3. Un dollar fort est généralement défavorable pour les matières premières comme l'or, l'argent ou le pétrole, et vice versa. Cette corrélation peut bien sûr changer temporairement mais vous verrez que la corrélation recommence tôt ou tard.

Sur le sujet des corrélations, nous pourrions écrire un livre entier. Si vous connaissez les 3 règles mentionnées, vous êtes déjà en avance sur la majorité des participants du marché qui ne connaissent rien à ce sujet. Si vous voulez trader avec les corrélations entre les devises par exemple, je recommande ce site. Vous pouvez trouver des informations sur l'évolution des corrélations entre les principales paires de devises sur une base horaire, quotidienne ou sur 4 heures.

4. Avec quels instruments pouvez-vous utiliser le swing trading ?

Pour la plupart des marchés sur ma liste, vous pouvez trader avec un **ETF**, synonyme de fonds négociés en bourse. Il s'agit d'un fonds d'investissement qui est coté en bourse. Si vous ne savez rien sur les ETF, vous trouverez certainement suffisamment d'informations en effectuant une simple recherche sur Google. Il y a aussi excellents e-books sur le sujet.

La plupart des ETFs reflètent que les principaux marchés financiers ont une bonne liquidité. Vous obtenez des spreads serrés et vous n'avez généralement pas de problème si vous souhaitez clôturer votre position. Voici une petite liste des ETFs les plus populaires avec leurs marchés sous-jacents.

- SPY : S&P500

- QQQ : NASDAQ

- GLD : Gold

Si vous envisagez d'utiliser votre swing trading avec des contrats à terme, alors vous aurez à traiter avec des gaps parce que les marchés à terme ont des horaires d'ouverture. Généralement, ces gaps sont plus faibles dans les marchés qu'avec les actions. Les principaux marchés n'ouvrent pas souvent le lendemain avec des gaps importants.

Beaucoup de swing traders utilisent les CFDs pour leur activité de swing trading. Les CFDs sont synonyme de Contracts for Difference – Contrats pour la Différence, il s'agit d'instruments qui suivent l'évolution des prix d'un marché de 1 sur 1. Les CFDs sont similaires aux futures avec un très fort effet de levier. Pour illustrer ceci, je vous donnerais un exemple sur le DAX.

- Notez que les CFDs ne sont pas autorisés aux Etats-Unis

Supposons que vous voulez acheter 1 contrat CFD sur le DAX au prix de 10 000. Selon le courtier, vous devrez payer une marge de 1% pour ouvrir ce contrat. Cela signifie qu'il suffit d'avoir 100 Euros (ou livres sterling) sur votre compte afin que vous puissiez acheter 1 contrat. Dans ce cas, vous investissez 10 000 Euro (ou livres sterling) avec seulement 100 Euro (ou livres sterling) comme mise de départ !

Si le DAX va maintenant jusqu'à 10 500 points et que vous vendez, vous réaliserez un gain de 500 points, soit 500 Euros (ou livres sterling). La plupart des traders sur CFDs que je connais n'ont habituellement pas plus de 1 000 Euros sur leur compte. Si vous réalisez un gain de 500 points sur ce trade, vous multipliez votre capital avec 5%. Et vous faites cela avec un seul trade !

Tant que vous gagnez, c'est très bien évidemment ! Toutefois, vous devriez toujours avoir à l'esprit que ce levier est aussi valable lorsque vous perdez. Si vous avez, dans ce cas, une perte de 500 points, vous avez déjà perdu 50% de votre capital ! Ce n'est certainement pas un super sentiment...

Vous devriez donc penser à la question : devrais-je démarrer mon activité de swing trading avec des instruments financiers avec effet de levier. Souvent, il est préférable d'aborder la question de manière plus conservatrice et de trader d'abord avec des ETFs qui ont habituellement peu ou pas de levier. Vos gains pourraient être plus petits ici bien sûr, mais vos pertes seront aussi limitées.

Si vous voulez éliminer complètement tout risque de gaps, vous devriez seulement trader les devises qui sont cotées 24h/24 en semaine. Le marché ouvrira ses portes le dimanche soir et se terminera le vendredi soir. Il n'y a donc pas de surprises.

Vous devez ensuite fermer toutes les positions ouvertes avant vendredi soir. Généralement, vous pouvez les rouvrir le dimanche soir ou le lundi matin si vous êtes convaincu que votre position devrait continuer à se tenir après le week-end.

Lorsque vous tradez les devises, vous pouvez également calculer votre risque optimal. Vous risquez seulement la distance entre le prix d'entrée et votre ordre stop-loss.

Il s'agit d'un avantage important. Avec la plupart des courtiers, vous pouvez également contrôler la taille de vos positions de façon remarquable. Je recommande de commencer avec les soi-disant micro-lots. Ce sont des lots de 1 000$. Chaque légère modification d'un PIP va vous faire gagner ou va vous coûter 0,1$ seulement. Si vous perdez 50 pips, alors vous avez perdu seulement 5$. C'est plutôt sûr à gérer.

5. Configurations pour le swing trading

Nous arrivons maintenant à la partie la plus importante de ma méthode : les configurations que j'utilise pour trader. Encore une fois, j'essaie de garder cela aussi simple que possible. Je vais vous montrer quelques exemples de configurations différentes avec lesquelles j'ai souvent tradé. Une configuration est tout simplement une figure que l'on trouve dans un graphique boursier. Étant donné que certaines figures reviennent encore et toujours, les traders se sont entendus sur certains termes au fil des ans. La plupart d'entre elles sont tellement simples que chaque trader peut les comprendre immédiatement.

Soit dit en passant, je parle seulement des possibilités d'entrée ici. Où est-ce que le stop-loss doit être placé et où je vois une limite dans une situation de marché spécifique : tout cela fera l'objet du 3ᵉ livre de cette série sur le swing trading. Le titre du 3ᵉ livre sera donc : « Où est-ce que je place mon stop-loss ? ». Donc je vais commencer en 1ᵉ avec la partie la plus facile : où puis-je entrer sur les marchés ?

A. Support et Résistance

Pour certains traders, cette approche paraît peut-être trop simple. Le fait est que les niveaux de support et de résistance sont toujours parmi les configurations les plus puissantes que le marché peut offrir, sous-entendu que vous savez ce que vous faites.

Les termes de support et de résistance proviennent de l'analyse technique. Les analystes parlent d'un support lorsqu'ils découvrent un niveau de prix sur le graphique où le marché se retourne à plusieurs reprises à la hausse. Cela signifie que sur le support, la pression d'achat augmente évidemment ce qui conduit à nouveau les prix vers le haut. Dans le cas d'une résistance, c'est exactement l'inverse qui se produit : ici, plus de vendeurs émergent ce qui pousse les prix vers le bas.

La raison pour laquelle il existe un tel niveau de prix peut-être être différente. Sur les marchés boursiers, il arrive souvent qu'un plus grand nombre de traders ne commencent à acheter qu'une fois un certain niveau de prix atteint. Un bon trader peut tirer parti de ce fait en achetant également à ce niveau de prix et nager avec les gros requins tant qu'ils poussent les prix vers le haut.

Sur les indices boursiers ou sur le marché des changes c'est aussi le cas bien sûr. Mais ici, l'analyse technique et graphique pure joue un rôle important. Les marchés généraux sont davantage des marchés orientés vers l'analyse technique. Plus de dizaines de milliers de traders sont impliqués dans le monde entier et ils regardent tous les mêmes étiquettes de prix sur leurs graphiques. Pas étonnant que d'une main miraculeuse, les prix se retournent sur certains niveaux et que cela arrive plusieurs fois, souvent de manière successive.

Un swing trader, qui est capable de reconnaître ces points de retournement, peut peut-être bien développer une stratégie de trding rentable. Il achète sur le support et vend sur la résistance (ou entre en position courte). Je voudrais illustrer ce concept avec quelques exemples.

Image 7 : Pétrole, graphique Heikin-Ashi en 4 heures

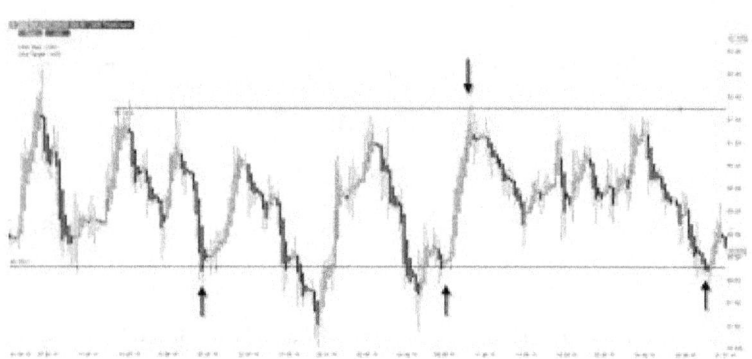

Cet exemple du **Mini Future sur le pétrole brut** illustre assez bien le concept. Le prix du pétrole semble osciller entre deux zones et évolue dans un mouvement latéral facilement reconnaissable. C'est ce qu'on appelle un « **range** ». Le niveau de prix supérieur est bien visible à 61,74$ où le brut se retourne à plusieurs reprises vers le bas (ligne horizontale supérieure). Ce niveau de prix, c'est ce que les analystes appellent une résistance.

En-dessous lorsque le pétrole arrive à 58,28$, le prix repart vers le haut (ligne horizontale inférieure), les analystes techniques parlent d'un support. C'est typique pour le marché du pétrole de voir des mouvements des prix un peu « exagérés ». Nous le voyons dans cet exemple, surtout sur le support. Ce niveau a été franchi immédiatement vers le bas deux fois. Quelques heures plus tard, le brut revient dans le range. Je vais décrire dans la 2e partie de cette série sur le swing trading : comment faire du trading avec ces exagérations ou « faux signaux ».

Ces ranges peuvent se produire dans tous les marchés. Le prix est compris entre deux niveaux sur lesquels les acteurs importants achètent (support) ou vendent (résistance). Un bon swing trader peut exploiter ce fait en achetant le support avec comme limite de prix : la résistance et vendre la résistance avec comme limite de prix : la limite. Concernant les stop-loss de protection, les traders peuvent les placer légèrement au-dessous du plus bas de la bougie précédente pour les positions acheteuses ou au-dessus du plus haut de la bougie précédente pour les positions de vente à découvert.

B. Double sommet et Double creux

Un point d'entrée intéressant est le soi-disant double sommet et double creux. Un double sommet est formé lorsque le prix atteint, après une première consolidation, une nouvelle fois le plus haut de la montée précédente mais sans la franchir vers le haut. Les prix se replient car tous les acteurs du marché savent maintenant que la pression acheteuse faiblit.

Image 8 : EUR/USD, graphique journalier Heikin-Ashi

Cet exemple d'un double sommet sur l'EUR/USD a eu lieu entre mars et mai 2014. L'euro avait récupéré dans les mois qui ont suivi la soi-disant « crise de l'Euro » et se dirigeait vers le chiffre rond de 1,40$ pour 1 EUR. Ici, l'euro a formé un double sommet sur l'image 8 (les deux flèches).

Il était intéressant de voir que dans le 2e point du double sommet (flèche à droite), le 1e plus haut du 13 mars a en effet été surpassé par le plus haut du 8 mai 2014 mais au final, la bougie du jour a fermé sous le 1e top. L'EUR/USD s'est approché au cours de la journée de trading du niveau des 1,3992 mais la paire n'a pas réussi à avancer jusqu'à la marque ronde de 1,4000.

Ces détails sont des détails auxquels les swing traders devraient prêter attention. Cette information indique au trader qu'il faut s'attendre à des ordres de vente massive à la marque ronde de 1,4000, ce qui devrait empêcher l'euro de dépasser ce niveau. Le résultat a été une vente nette de la paire dans les jours et semaines qui ont suivis d'au moins 500 PIPs.

Mais, ce n'est pas tout. Ce premier mouvement à la baisse était simplement le début d'une tendance baissière plus massive sur l'EUR/USD qui a finalement conduit la paire vers les 1,0500. En d'autres termes : le double sommet était bon pour un total de 3 500 PIPs ! Celui qui aurait ouvert une position courte ici et qui avait mis un stop-loss protecteur un peu au-dessus de 1,4000 aurait généré un rendement fantastique !

Bien que ces possibilités soient rares, elles existent et je crois que chaque swing trader devrait essayer de prendre au moins une partie de ces mouvements. Un trade unique dans cette catégorie peut faire votre année de trading !

La situation inverse se produit avec un double creux. Dans l'exemple ci-dessous en février 2016 sur le future E-mini (image 9), les prix avaient atteint un 1e plus bas, après quoi ils ont temporairement récupéré. Dans une nouvelle rechute, ils ont atteint le 1e plus bas une seconde fois mais ici les vendeurs n'étaient plus en mesure de pousser le marché vers le bas. Résultat : les prix ont à nouveau commencé à évoluer vers le haut et le double creux était parfait.

Image 9 : E-mini, graphique journalier Heikin-Ashi

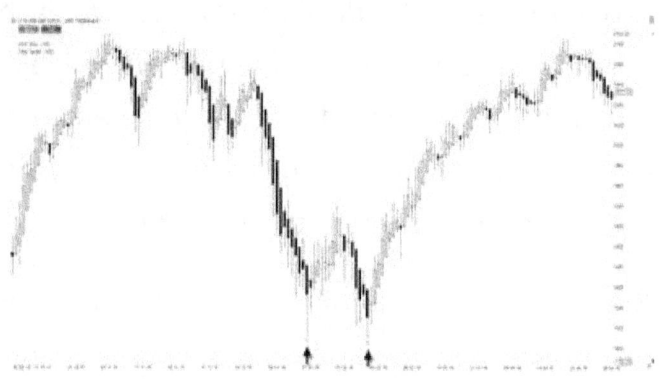

Cet exemple du future sur l'indice boursier américain **S&P 500** est un exemple parfait. Le 20 janvier 2016, le prix a atteint un 1e creux à 1 804. Dans le trading des jours suivants, les prix ont bien récupéré mais pour la 2e fois, ils forment un nouveau creux le 11 février 2016 à 1 802,50. Ce 2e creux était en fait « quelque chose » de plus profond que le 1e. Tout au long de la journée l'E-mini a récupéré et a formé une bougie dite de retournement. Il s'agit d'une bougie qui marque un nouveau creux mais qui ferme proche des sommets de la séance boursière. Les vendeurs n'ont donc pas pu tiré davantage les prix vers le bas.

Le jour d'après, l'E-mini a formé une toupie. Il s'agit d'une formation avec un petit corps et de longues ombres de part et d'autre du corps. Cette bougie indique une situation d'équilibre entre les acheteurs et les vendeurs. Au moins, la pression vendeuse avait disparu et le double creux se confirmait ainsi.

Image 10 : FDAX, graphique journalier Heikin-Ashi

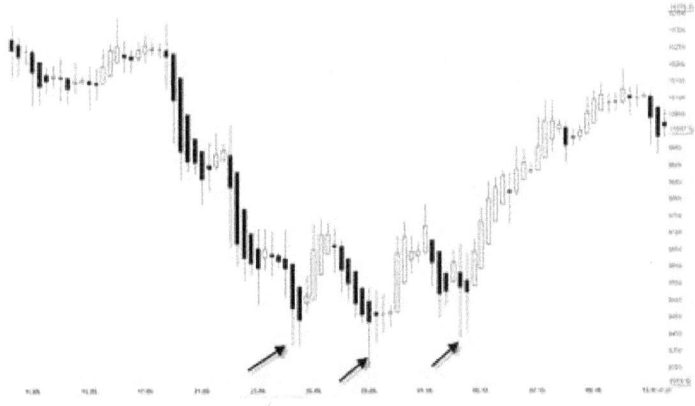

D'excellentes perspectives de trading sont également présentes avec un triple creux tel qu'illustré sur l'image 10 représentant le **FDAX**. Cette formation de creux est assez intéressante car le 2e creux (flèche du milieu) était légèrement inférieur au 1e et au 3e. Ceci signale au trader d'une part, que les creux ont vraiment été explorés ici et que les acheteurs sont toujours prêt à rattraper le marché ce niveau.

On reconnaît ce fait dans les longues ombres parmi les bougies (les 3 flèches). Ce qui fait des bougies, des bougies de retournement dont nous avons déjà parlé, ce qui suggérait une rotation de 180% dans l'autre direction – et c'est ce qui s'est réellement passé après le 3e creux. Le signal d'achat est venu après la 1e bougie blanche après le retournement de la dernière bougie (3e flèche vers la droite).

Image 11 : Future sur le SMI, graphique journalier Heikin-Ashi

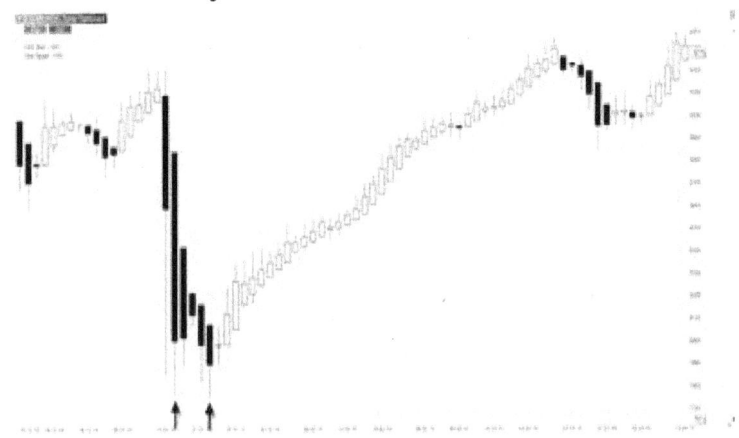

Les événements extraordinaires apportent parfois d'exceptionnelles opportunités. Certains traders se souviendront de ce qu'on appelle le « Tsunami du Franc Suisse » du 15 janvier 2015. C'était la date à laquelle la Banque Nationale Suisse a décidé d'abandonner son taux plancher face à l'euro d'un seul coup. Le franc a augmenté dans la demi-heure de 20% ce qui représente un mouvement de glissement de terrain sur le marché du FOREX.

Cela a bien sûr eu des conséquences sur le marché boursier de la Suisse. L'image 11 montre le future sur le SMI, le future sur l'indice des actions suisses. Après que l'indice se soit apaisé dans les jours qui ont suivi le crash, un double creux (flèches) s'est construit sur le graphique Heikin-Ashi qui a offert une opportunité de trading extraordinaire. Dans les semaines qui ont suivi, l'indice a complètement récupéré de cet événement. Des pertes ont été faites tous les jours que les bougies Heikin-Ashi prouvent de manière impressionnante.

Il est tout à fait intéressant pour un swing trader d'observer les marchés qui ont, par exemple, connu un crash décent. Il est crucial que vous trouviez une figure qui suggère un retournement comme ce fut le cas dans cet exemple avec le SMI. Finalement, les marchés récupèrent même des coups les plus profonds qu'ils reçoivent.

Pour les actions, ce n'est pas toujours le cas parce que contrairement aux indices, qui représentent un panier d'actions, les actions des sociétés peuvent tomber à zéro comme nous le prouvent certaines faillites spectaculaires dans l'histoire économique. C'est aussi une raison pour laquelle, en tant que swing tarder, je trade les marchés généraux. Les marchés ne vont pas faillite alors que les entreprises le peuvent.

C. Breakouts

Les breakouts sont tombés dans la critique ces dernières années et à juste titre. L'argument est qu'il y a trop de faux breakouts pour trader cette figure de manière profitable. Je ne comprends pas cet argument mais on ne peut pas mettre toutes les situations de breakouts dans un même panier.

Dans le 2e livre de cette série sur le swing trading, je vais entrer dans les détails sur le phénomène des soi-disant faux breakouts et montrer comment vous pouvez développer une stratégie de trading très rentable qui répond aux réalités des exigences des marchés d'aujourd'hui.

Il y a certains breakouts que vous devriez plutôt mettre de côté. L'une de mes règles est la suivante : plus la consolidation antérieure est longue (c.-à-d. plus il faut de tests pour que le marché rompe un support ou une résistance), plus le potentiel de faire un breakout devient important. En d'autres termes : 5 tests sont beaucoup plus importants que 3. Quand je vois quelque chose comme ça sur un graphique, c'est à ce moment là que je suis intéressé.

Image 12 : EUR/JPY, graphique en 4 heures Heikin-Ashi

Cet exemple de la paire EUR/JPY (Euro - Yen japonais) illustre ce que je dis. Nous pouvons voir que la paire a essayé plusieurs fois de surmonter une ligne plate de résistance. Il y a eu un total de 8 tentatives jusqu'à ce que la paire réussisse. Le breakout n'était pas, comme si souvent, spectaculaire. Au contraire, la paire planait pendant des heures sur la ligne et à plusieurs reprises, elle a fait des petits voyages courts en-dessous (4 flèches de bas en haut).

Le swing trader a donc eu tout le temps de penser à une bonne entrée qui a, à un moment donné, payé. À son apogée, il y avait jusqu'à 400 PIPs à prendre !

D. Drapeaux et fanions

Après de forts mouvements de tendance, des consolidations temporaires ne sont pas rares. Le marché s'immobilise pendant une courte période et puis continue son mouvement de tendance. C'est pourquoi on parle dans ce cas de figures de continuation. Ces figures peuvent prendre différentes formes mais les plus connues sont probablement les **drapeaux.**

L'image du « drapeau » est donc utilisée par les traders car la figure ressemble à une sorte de drapeau. La tendance haussière précédente est considérée comme le mât du drapeau alors que la consolidation adverse courte peut être vue comme un drapeau. En conséquence, il y a non seulement des drapeaux mais aussi des fanions. Avec un fanion, la consolidation ne se trouve pas dans un canal de tendance parallèle comme le drapeau.

Si vous spéculer sur la poursuite de la tendance, vous vous attendez à ce que cette tendance soit encore plus forte et non qu'elle s'arrête. C'est ce qu'indique un drapeau. Contrairement au trading des ranges, le trader spécule vraiment ici sur les grandes tendances qui se produisent sur le marché boursier de temps en temps.

Les drapeaux sont d'excellentes opportunités pour un trader qui est en mesure de les identifier sur un graphique. Il existe des traders qui traitent exclusivement avec cette figure et ne tradent que les drapeaux. Les drapeaux dans une tendance haussière sont tout simplement appelés des drapeaux haussiers, alors que dans une tendance baissière, ils sont appelés des drapeaux baissiers. Pour la plupart, ils vont contre la tendance principale comme sur l'image 13 ci-dessous.

Image 13 : FDAX, graphique en 4 heures Heikin-Ashi

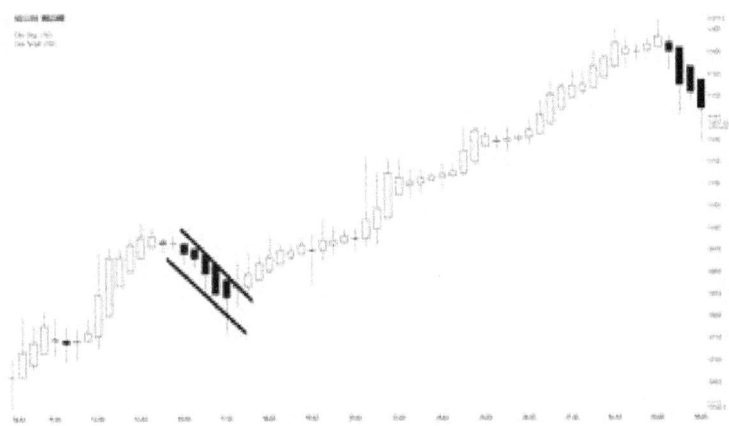

Cet exemple sur le FDAX illustre assez bien le concept d'un drapeau haussier. Nous voyons une tendance claire sur la partie gauche du graphique. La plupart des bougies Heikin-Ashi sont blanches. L'apparent mouvement opposé se produit et dure ici quelques heures : les bougies sont noires, puisque le marché semble redescendre temporairement. Cette phase de consolidation n'est que brève et après un certain temps, le FDAX recommence à augmenter.

Habituellement, les drapeaux se produisent dans un petit canal de tendance. La rupture de la ligne supérieure de ce canal fournit le signal d'achat. Les drapeaux haussiers sont donc aussi intéressants parce qu'ils se produisent généralement dans les phases de forte tendance comme dans cet exemple. Le marché devrait poursuivre sa tendance peu après la fin du drapeau. Le trader peut sécuriser sa situation avec un stop-loss légèrement sous le canal de tendance du drapeau.

Avec les drapeaux, les traders peuvent généralement atteindre un bon ratio de risque/rendement. Une position achetée à 10 900 points aurait pu être protégée avec un stop-loss de 100 points. Mais, ce swing trade a donné 1 500 points ! En d'autres termes, le trade a généré un ratio de risque/rendement (RRR) extraordinaire de 1:15 !

Dans un tel indice comme le DAX, c'est un bénéfice énorme. Pendant cette vague d'achat après le drapeau, les bougies Heikin-Ashi sont restées blanches en permanence. La sortie a eu lieu 1 500 points plus haut après la première bougie noire.

Ces opportunités se produisent encore et encore sur un graphique en 4 heures. Je pense donc que cette unité de temps peut être très rentable si le trader a la patience d'attendre que de telles opportunités apparaissent.

6. Money Management

Le Money Management, aussi appelé gestion de l'argent, est certainement un des outils les plus importants pour un trader. En termes de risque, bien sûr, il faut noter que celui-ci est géré différemment par chaque trader. Une règle de base est que vous ne devirez jamais risquer plus de 1% de votre capital par trade.

Il y a une bonne raison pour cela. Supposons que vous vous trompez 10 fois de suite (ce qui n'est pas rare). Avec un risque de 1%, vous perdrez 10% de votre capital. Vous devez maintenant faire un profit de 11% pour revenir à votre point d'équilibre ou break-even point (c'est-à-dire à 0) : c'est faisable !

Mais, si vous risquez 5% par trade (ce qu'aime faire beaucoup de débutants) et que vous avez 10 trades perdants consécutifs : la moitié de votre capital est déjà parti. Il va sans dire que cela est extrêmement préjudiciable à votre psyché, d'autant plus que vous devez maintenant faire 100% de gains pour atteindre votre point d'équilibre.

Une autre approche que je recommande est simplement de spécifier un montant fixe comme risque maximum par transaction. Vous pourriez par exemple être d'accord pour ne pas risquer plus de 100$ par trade. Il doit s'agir de votre zone de confort actuelle. Plus tard, lorsque votre niveau de connaissances et votre confiance auront augmenté, vous pourrez toujours augmenter cette somme.

7. Pourquoi avez-vous besoin d'un journal de trading

Je voudrais vous recommander de tenir un journal de trading, et ce pour n'importe quel trader (pas seulement les débutants). J'ai gardé un tel journal avec tous mes trades au fil des ans. Pourquoi ? Parce que vous obtenez après un certain temps, des statistiques très intéressantes au sujet de votre propre comportement de trading.

Après une série de trades par exemple, un journal de trading vous indique dans quels marchés vous êtes bon et ceux où vous êtes moins bon. N'est pas une information intéressante ? Et n'est-il pas judicieux de mettre l'accent sur vos points forts ?

Je suis bon avec le franc suisse et le dollar canadien. Alors que je ne touche pas la livre sterling car mes statistiques lorsque je trade avec la livre sterling ne sont pas bonnes du tout.

Lorsque je trade le FDAX et l'euro, j'ai de relativement bons résultats mais je suis le meilleur lorsque je trade le Dow Jones. Si vous avez ces données, alors vous savez clairement dans quels marchés investir et les marchés qu'il faut au contraire éviter.

Il y a aussi un gain psychologique : un journal de trading vous donne une certaine sécurité. La surveillance et l'étude quotidienne et hebdomadaire de vos trades vous offre une sorte de stabilité et de continuité. C'est particulièrement important lorsque les choses ne vont pas si bien. Vous pouvez regarder votre journal de trading et voir qu'il y a eu d'autres périodes avant qui étaient bien meilleures. Mais tout cela appartient à l'entreprise du trading : parfois vous gagnez et parfois vous perdez.

Voici un exemple de mon propre journal de trading :

Image 14 : Journal de Trading

Datum	Underlying	Position	L/S	Entry	Stop	Risk	Exit	Points P/L	P/L Euro
08. Apr	Gold	15	L	1576,0	1579,9	376	1573	-30	-342
09. Apr	DAX	15	L	7703	7690	195	7699	-4	-60
	EUR/USD	150.000	S	1,3034	1,3065	274	1,3046	-12	-137
	Dow Jones	15	S	14615	14640	285	14612	3	34
10. Apr	BTP	15	S	111,82	112,15	495	111,97	-15	-225
	EUR/USD	150.000	S	1,3076	1,311	388	1,308	-4	-46
11. Apr	EUR/JPY	100.000	S	130,52	130,68	106	130,68	-16	-106
	EUR/USD	100.000	S	1,3121	1,3136	114	1,3136	-15	-114
	WTI	10	S	94,36	94,7	258	94,04	33	251
	Gold	7	S	1556	1563	372	1561	-50	-266
12. Apr	Silver	15	S	27,53	27,7	194	26,36	117	1334
	DAX	10	L	7802	7770	320	7889	-13	-130
	Silver	15	S	2707	2740	376	26,36	71	809
W15								65	1002

J'ai fait 13 trades au cours de cette semaine et parmi eux, pas moins de 9 étaient des trades perdants ! Mais, il s'agit d'une semaine normale. Vous voyez, cela ne paraissait pas très bon jusqu'au jeudi 11 avril. Cependant, le vendredi, j'ai fait 2 trades gagnants très rentables sur l'argent. Ces 2 trades gagnants ont fait la différence sur toute la semaine. Mais si je n'avais pas limité le nombre de trades perdants, aucun profit n'aurait pu apparaître. Maintenant, mon solde de +1 002 euros n'est pas si mauvais que cela étant donné que plus de 60% des trades étaient perdants.

8. De quoi est-ce que tout cela parle ?

J'ai délibérément choisi cet exemple de mon journal de trading parce qu'il illustre assez bien l'art du trading. Les 13 trades de cette semaine n'ont apporté que peu de profit, ils étaient même perdants. C'est tout à fait normal et cela arrive souvent. Vous obtenez parfois une vraie chance comme ces deux trades qui ont été rentables sur l'argent vendredi. Et ce sont ces deux trades qui ont fait la différence.

En général, vous n'obtiendrez pas ces trades si vous n'avez pas adopté une approche disciplinée dans les jours qui précèdent. Le plus important problème psychologique que vous avez en tant que trader c'est que vous ne savez jamais quand ces trades gagnants peuvent arriver. Mais une chose est sûre : ceux d'entre nous qui sont bien préparés pour ces opportunités auront l'occasion de les saisir !

Je vous souhaite beaucoup succès en trading !

Heikin Ashi Trader

Si vous avez des questions, veuillez me contacter à l'adresse suivante : pdevaere@yahoo.de

Glossaire

Obligation : titres porteurs d'intérêts, appelés annuités

Seuil de rentabilité, point d'équilibre ou break-even point : niveau à partir duquel le coût total et le revenu total sont égaux

Chandeliers : codage des variations de prix sur la base d'une technologie d'analyse japonaise

CFD : Contrats pour la Différence

Figure de continuation : pause dans la tendance principale à la fin de laquelle la direction précédente reprend

Corrélation : c'est une mesure statistique de la façon dont deux titres bougent l'un par rapport à l'autre

DAX : indice boursier allemand

Doji : figure en chandelier dans laquelle le prix d'ouverture et de fermeture sont au même niveau

Day trading : décrit une méthode de trading spéculative sur le court-terme. Un trader va ouvrir une position et la clôturer pendant la même journée de trading

Future sur l'E-Mini : contrat à terme sur l'indice américain S&P 500

Forex : Forex Exchange Market, marché international des devises

Future : contrat Future ou contrat à terme. Contrat standardisé pour acheter ou vendre un montant spécifique d'une matière première à un prix spécifique, à une date spécifique

Gap : une différence de prix entre deux journées de trading

Heikin-Ashi : "Equilibre sur un pied" - représentation japonaise du changement des prix

Indicateur : identification d'analyse technique qui est définie pour déterminer le mouvement des prix d'un titre

Ordre Limite : ordre avec un prix fixe et/ou un temps d'exécution fixe

Liquidité : cela décrit la mesure dans laquelle un titre peut être vendu ou acheté à un moment donné

Ordre au marché : il est exécuté sur les marchés boursiers au meilleur prix possible au moment de l'ordre

Momentum : le momentum informe les investisseurs sur le rythme et la force du mouvement des prix

Micro lot : il s'agit d'un contrat de 1 000$ sur une paire de devise

Gestion de l'argent ou Money Management : se réfère à la stratégie avec laquelle un trader peut contrôler le risque d'un portefeuille de titres en déterminant la taille de chaque position de trading individuelle

Ordre OCO (Un annule l'autre) : une combinaison de stop-loss et d'une limite. Lorsque le prix de la limite ou du stop-loss est atteint, l'ordre est exécuté et chaque ordre efface et annule l'autre ordre

Pip : Percentage In Point – la plus petite unité de changement dans le prix des devises

Trading de Position : un trader de position garde ses positions sur le long-terme (des mois à des années)

Range : un range clairement défini sur une période donnée

Ratio Risque/Rendement (RRR) : est un indicateur de l'utilité d'un système. Il est calculé en divisant la rentabilité attendue par la perte maximale

Position vendeuse ou short : un trader est court lorsqu'il vend une position sans détenir l'actif sous-jacent (vente à découvert)

S&P 500 (Standard & Poor's 500) : indice boursier américain comprenant 500 actions de plus larges et importantes sociétés américaines

Spinning Top ou Toupie : il s'agit d'une figure chartiste avec un petit corps et des ombres longues

Spread : différence entre le prix d'achat et le prix de vente

Indice boursier : il s'agit d'une mesure de la performance d'un marché action dans son ensemble ou de groupes d'actions individuelles (comme le DAX ou le NASDAQ).

Ordre stop-loss : ordre de vente qui est activé lorsqu'un certain prix est atteint pour protéger son capital

Ordre take-profit : ordre utilisé quand le marché atteint un certain niveau de profit désiré pour sécuriser ses gains

Pin bar : cette figure en chandelier japonais termine le mouvement des prix précédents dans une direction et introduit un nouveau mouvement des prix dans la direction opposée. La clôture de la bougie se fait généralement au plus haut

VIX : décrit la volatilité implicite de l'indice boursier américain : le S&P 500

Volatilité : écart type qui spécifie la façon dont les prix d'un marché varient

Plus de livres par Heikin Ashi Trader

(Disponible en e-book et en version papier)

Le Swing Trading Avec Le Graphique En 4 Heures
Partie 2 : Tradez les faux signaux (fake trades) !

Dans la 2e partie de la série « Swing Trading en utilisant le tableau de 4 heures », le HeikinAshi Trader parle du phénomène qui correspond à placer ses stop-loss et faire face aux faux signaux (fake tardes) ainsi que les nombreuses déceptions dans cette étape majeure des algorithmes et des acteurs sur les marchés financiers d'aujourd'hui. Ceux-ci semblent souvent plus la règle que l'exception.

Mais ces circonstances représentent ce qu'un swing trader habile pourrait exploiter en faisait de cette mauvaise situation, une bonne situation. Au lieu de se faire avoir par les nombreux pièges du Smart Money (argent intelligent), un trader peut apprendre comment identifier leurs traces sur un graphique. Sur cette base, il peut développer une stratégie de swing trading très rentable qui se concentre exclusivement sur la détection de ce qu'on appelle les « faux signaux (fake trades). Souvent, il s'avère que lorsque les principaux acteurs sont « déçus », cela représente juste le début d'un mouvement plus significatif. Trader cela est surtout très gratifiant !

En se référant à plusieurs exemples sur les différents marchés et avec une analyse technique appliquée aux graphiques, l'auteur suit les traces du Smart Money. Avec de la pratique, chaque trader peut localiser ces astuces sur un graphique et identifier les intentions sous-jacentes. Une telle stratégie correspondrait plus à la réalité des marchés d'aujourd'hui, que de tenter de battre le marché avec des méthodes désuètes.

Sommaire

1. Une feinte de la meilleure qualité !

2. Comment identifier les faux signaux (fake trades) ?

3. Comment trader les faux signaux (fake trades) ?

4. Les faux signaux (fake trades) sur les figures d'analyse technique

A. Drapeaux

B. Triangles

C. Canaux de tendance

5. Trader les taux de change entre deux devises (cross rate)

6. Figures plus complexes

Sommaire

Plus de livres par Heikin Ashi Trader

A propos de l'auteur

Comment Se Lancer Dans Le Trading avec 500 €

Beaucoup de nouveaux traders n'ont que très peu de capitaux disponibles dès le départ, mais ce n'est toutefois pas un obstacle à une carrière dans le trading. Cependant, ce livre ne décrit pas comment transformer un compte de 500 € en 500 000 € - car ce sont précisément ces espoirs exagérés concernant les rendements futurs qui amènent la plupart des traders débutants à échouer.

Au lieu de cela, l'auteur montre, de manière réaliste, comment vous pouvez devenir un trader à temps plein en dépit d'un capital de démarrage limité. Cela s'applique à la fois aux traders souhaitant rester privés, ainsi qu'à ceux qui veulent éventuellement investir les fonds de leurs clients.

Ce livre montre étape par étape comment le faire avec un plan d'action concret pour chaque étape. N'importe qui peut en principe être trader, si il ou elle est prêt à apprendre comment cette activité fonctionne.

Sommaire

1. Comment devenir un bon trader avec 500 € en poche ?

2. Comment acquérir les bonnes habitudes en trading ?

3. Comment devenir un trader discipliné

4. Le conte de fée des intérêts composés

5. Comment investir avec un compte à 500 € ?

6. Le Trading Social

7. Parlez à votre courtier

8. Comment devenir un trader professionnel ?

9. Faire du trading pour un fond d'investissement

10. Apprenez à créer votre réseau professionnel

11. Devenez un trader professionnel en 7 étapes

12. 500 € représente beaucoup d'argent

Comment scalper avec le Future Mini-DAX?

Grâce à l'introduction du Future Mini-DAX (FDXM), les traders privés avec un petit compte peuvent avoir l'opportunité de scalper de façon professionnelle l'indice boursier allemand, le DAX. Contrairement à la plupart des autres instruments financiers, les Futures sont les plus transparents et les plus efficaces pour se faire de l'argent sur les marchés financiers.

Les Scalpeurs ont beaucoup plus d'opportunités de trading que les Traders de position ou les Day Traders, ce qui constitue la vraie force de ce style de trading. Un Scalpeur doit donc organiser ses capitaux bien plus efficacement que tous les participants du marché et ainsi obtenir des rendements bien meilleurs que les autres.

Heikin Ashi Trader montre dans ce livre comment scalper ce nouveau Future sur le DAX. Vous apprendrez comment entrer en position, comment gérer votre position et à quel moment vous devez sortir du marché. De plus, ce livre contient un grand nombre d'astuces et d'outils pour rendre votre trading encore plus efficace et plus précis.

Sommaire

1. L'Eurex Introduit Le Future Mini-Dax

2. Le Dax Allemand, Un Marché Populaire Pour Les Traders Internationaux

3. Les Avantages Du Trading Sur Les Futures

4. Le Graphique Heikin-Ashi

5. Qu'est-Ce Que Le Scalping ?

6. Quels Sont Les Avantages De Devenir Un Scalpeur ?

7. Paramètres De Base Du Scalping Avec Heikin Ashi

8. Stratégies D'entrées

9. Est-ce intéressant de re-entrer en position ?

10. Stratégies De Sorties

11. Est-ce que les objectifs multiples sont intéressants ?

12. Quand Devez- Vous Scalper Le Future Mini-Dax (Et Quand Faut-Il Eviter) ?

13. Outils Utiles Pour Les Scalpeurs

   A. Placer Des Ordres

   B. Ouvrir Et Fermer Des Ordres

   C. Gérer Les Ordres Ouverts

   D. Le Trailing Stop Comme Outil De Maximisation De Profits

14. Les Différents Ordres De Stop-Loss

   A. Le Stop-Loss Fixe

   B. Le Trailing Stop

   C. Le Stop Linéaire

   D. Le Time Stop

   E. Le Stop Parabolique

   F. Link Stop Orders

   G. Stop-Loss Multiples Et Cibles Multiples

15. Sur Les Bourses, L'argent Est Fait Avec Les Stratégies De Sorties !

16. D'autres Développements De L'analyse Du Marché

A. Niveaux Clés Des Prix

B. Statistiques En Direct

Epilogue

Glossaire

Plus De Livres Par Heikin Ashi Trader

À Propos De L'auteur

À propos de l'auteur

Heikin Ashi Trader est le pseudonyme d'un trader ayant plus de 15 ans d'expérience dans le Day Trading sur les Futures et le marché des changes. Il se spécialise dans le Scalping et le Day Trading rapide. Il a également publié de nombreux livres éducatifs sur ses activités de trading. Les sujets les plus populaires sont : le Scalping, le

Swing Trading, la gestion de l'argent et des risques.

Impression

© 2017 Heikin Ashi Trader

Tous droits réservés. Aucune partie de ce livre ne peut être reproduite ou transmise, sous aucune forme et d'aucune façon, électronique ou physique, y compris photocopies, enregistrement, ou par quelque moyen de sauvegarde ou de restauration que ce soit, sans une autorisation écrite de l'auteur.

Avertissement. Ce produit et sa documentation sont protégés par copyright. Les informations de ce document sont données « à titre indicatif», sans garantie. Bien que toutes les précautions aient été prises lors de la préparation de ce document, l'auteur ne pourra être tenu responsable envers quiconque de toute perte ou dommage occasionné, ou supposé occasionné, directement ou indirectement par les informations contenues dans ce document.

Première édition 2017

Textes: © Copyright par Heikin Ashi Trader

12 Carrer Italia, 5B

03003 Alicante, Spain

Tous droits réservés.

www.ingramcontent.com/pod-product-compliance
Lightning Source LLC
Chambersburg PA
CBHW070109210526
45170CB00013B/804